Kay-Henner Menge

KOCHEN MIT DEM SPIRALSCHNEIDER

Leicht, bunt & gesund – frische Rezepte
für Gemüsenudeln

südwest

INHALT

ZUGHETTI, COURGETTI, ZOODLE & CO.

Bunt, gesund und kalorienarm – die in Spiralform geschnittenen Gemüsenudeln sind der neueste Küchentrend. Vielfalt ist angesagt, denn ab jetzt rekeln sich allerlei Nudeln aus Knollen-, Wurzel- und Fruchtgemüse auf unseren Tellern und bereichern den Speisezettel um Vitamine, Mineralstoffe und sekundäre Pflanzenstoffe.

Das geringelte Gemüse macht besonders bei Gemüsemuffeln eine gute Figur. Aber auch kalorienbewusste Gemüsefreunde oder Genießer, die mit Low-Carb-Gerichten den Kohlenhydratanteil ihrer Speisen reduzieren möchten, Veganer oder Vegetarier sowie Personen mit einer Glutenunverträglichkeit kommen mit den trendigen Nudelvarianten zu einem Genuss der besonderen Art.

Spaß machen die Gemüsenudeln schon bei der Namensgebung: Die Bezeichnung für das Gemüse wird mit dem Namen der beliebtesten italienischen Pasta kombiniert: z. B. Zucchini + Spaghetti = Zughetti (deutsch), Courgetti (englisch) oder kurz Zoodle (amerikanisch für Zucchini + noodle).

AN DEN SCHNEIDER, FERTIG, LOS!

Für die leckeren Gemüsenudeln werden aus den verschiedensten Gemüsesorten wie frischen Möhren, Pastinaken, Zucchini, Gurken, Roter Bete, Rettich, Kartoffeln oder Süßkartoffeln mithilfe des beiliegenden Spiralschneiders lange breite oder schmale Spiralen geschnitten, die dann wie bunte Nudeln aussehen.

TIPP: Von Natur aus lange Gemüse wie Zucchini, Möhren oder Gurken eignen sich besonders gut als Gemüsespaghetti, da sie die gewünschte Länge erreichen.

Ist das Gemüse nach dem Putzen und eventuellen Schälen in Spiralen geschnitten, kann man sich entscheiden, ob man die geschnittene Länge beibehält oder die Nudeln mit einer Küchenschere in Stücke schneidet, um sie so einfacher portionieren und schließlich auch leichter essen zu können.

TIPP: Um Gemüse mit dem Spiralschneider in Nudeln zu verwandeln, ist es ratsam, knackfrisches Gemüse aus dem Kühlschrank zu verwenden. Älteres, leicht weiches Gemüse lässt sich sehr schlecht in Spiralen schneiden. Achten Sie also beim Kauf unbedingt auf Frische, verarbeiten Sie Ihr Gemüse zeitnah nach dem Einkauf und lagern Sie es im Kühlschrank im Gemüsefach oder in Vorratsdosen aus Kunststoff.

Jetzt können die Nudeln nach Belieben weiterverarbeitet werden. Haben Sie sich für einen Salat entschieden, bleiben Zoodles & Co. roh, behalten ihren Biss und weisen einen besonders hohen Gehalt an Vitaminen, Mineralstoffen und sekundären Pflanzenstoffen auf. Sollen die Nudeln gegart werden, kann dies in Pfanne, Wok oder Kochtopf geschehen. Wichtig hierbei ist es, möglichst schnell zu arbeiten, denn Gemüsenudeln haben aufgrund ihres geringen Durchmessers eine kurze Garzeit. Darum ist es ratsam, zuerst die Sauce zuzubereiten und dann die Gemüsenudeln zu garen.

Gurken, Zucchini und Rettich können schnell eine Sauce verwässern, weil sie von Natur aus einen hohen Wassergehalt haben. Darum empfiehlt es sich, diese Gemüsenudeln mit etwas Salz zu mischen und in einem Durchschlag (auch Seiher genannt) abtropfen zu lassen. Hierbei verringert sich bereits der Wassergehalt, und die Nudeln bekommen eine gewisse Festigkeit. Roh kann man sie einfach mit ein paar Drehungen in einer Salatschleuder von überschüssigem Wasser befreien. Zum Braten eignen sie sich jedoch grundsätzlich nicht so gut! Um sie zu garen, überbrühen Sie die Gemüsenudeln am besten mit kochend heißem Wasser und schwenken sie kurz (!) im Durchschlag, damit die Nudeln nicht zu weich werden.

Bunte Gemüsenudelmischungen sind schließlich nicht nur optisch, sondern auch geschmacklich ein Gewinn. Wenn Sie beispielsweise Rettich mit Möhren oder Zucchini und Möhren kombinieren möchten, kochen Sie die Möhrennudeln kurz in Wasser und gießen sie über die vorbereiteten Rettich- oder Zucchininudeln ab. Während des Abtropfens sind die Nudeln schnell gemischt und fertig zum Anrichten.

TIPP: Am besten wärmen Sie stets die Teller für Ihr gegartes Nudelgericht vor. Auch Schüsseln, in denen die Gemüsenudeln mit anderen Zutaten gemischt und anschließend serviert werden, sollten zuvor warm sein, damit die Nudeln weniger schnell abkühlen. Praktische Küchenhelfer beim Mischen und besonders beim Anrichten sind ein gutes Salatbesteck und eine Nudelzange; mit diesen lassen sich Zughetti & Co. gut greifen.

KOHLENHYDRATE ERGÄNZEN ODER SPAREN

Nicht nur untereinander lassen sich Gemüsenudeln kombinieren, sie können auch mit klassischer Pasta gemischt werden. Gemüsenudeln haben pro 100 Gramm einen Nährwert von 20 bis 35 Kalorien, herkömmliche Pasta um 350 Kalorien pro 100 Gramm. In einer Mischung können Sie so auf einfache Weise Kohlenhydrate ergänzen bzw. bei Ihrem Lieblingspastagericht einsparen.

Bei den meisten Rezepten in diesem Buch handelt es sich um reine Gemüsenudelgerichte. Wenn Sie einem Rezept herkömmliche Pasta beifügen möchten, weil z. B. nicht alle Gäste darauf verzichten wollen, können Sie etwa die Hälfte der im Rezept angegebenen Menge Gemüsenudeln durch 50 Gramm ungekochte Pasta pro Person ersetzen, die Sie nach Packungsangabe zubereiten.

Um Kohlenhydrate in Ihrem Lieblingspastarezept zu sparen, rechnen Sie pro Person 50 Gramm ungekochte Pasta, die mit 200 Gramm Gemüsenudeln (ebenfalls ungekocht) gemischt werden können. Im Vergleich zu einem reinen Pastagericht sorgen Courgetti & Co. in einer Gemüsenudel-Pasta-Mischung so für den nötigen Sättigungseffekt, während der Gesundheitsaspekt steigt und die Geschmacksgarantie bleibt. Diese Nudelmischung können Sie dann mit Ihrer Lieblingspastasauce anrichten.

VERWENDUNG DES SPIRALSCHNEIDERS

Der diesem Buch beiliegende Spiralschneider besteht aus drei Teilen:

- **Messereinsatz (A)**
- **Schneider (B)**
- **Fingerschutz (C)**

1. Vor dem ersten Gebrauch reinigen Sie alle einzelnen Teile des Spiralschneiders gründlich mit warmem Wasser, mildem Spülmittel und einem weichen Tuch. Abschließend vorsichtig abtrocknen. Achtung, die Schneiden sind sehr scharf!

2. Zum Schneiden breiter Gemüsenudeln stecken Sie den Messereinsatz (1 auf Seite 7) so in den Schneider, dass das Messer über der Öffnung (2 auf Seite 7) mit den breiten Klingen liegt. Zum Schneiden schmaler Gemüsenudeln muss das Messer über der Öffnung mit den schmalen Klingen liegen.

3. Waschen Sie das zu schneidende Gemüse und schälen Sie es, falls erforderlich. Halten Sie dann den Schneider in einer Hand und stecken Sie das vorbereitete Gemüse in den Messereinsatz. Anschließend drehen Sie

das Gemüse wie bei einem Bleistiftanspitzer mit leichtem Druck im Messereinsatz. Kurz bevor Sie das Ende des Messereinsatzes erreicht haben, stecken Sie den Fingerschutz auf, um sich beim Weiterschneiden nicht zu verletzen (siehe Abbildung Seite 5).

4. Es empfiehlt sich, den Spiralschneider gleich nach dem Gebrauch mit warmem Wasser und Spülmittel wie beschrieben vorsichtig zu reinigen, um Verfärbungen und das Ankleben von Gemüseresten zu verhindern. Beim Reinigen der scharfen Schneiden kann auch eine Flaschenbürste sehr hilfreich sein. Abschließend vorsichtig abtrocknen.

TIPP: Für ganz breite Streifen können Sie den Messereinsatz ohne den Schneider benutzen.

HINWEIS

Der Schwerpunkt der Rezepte in diesem Buch liegt auf Gemüsenudeln, die mit der breiten Seite des Spiralschneiders geschnitten werden. Die schmale Schneide eignet sich am besten für Rohkost aus Möhren, Zucchini & Co., die Sie mit Ihrem Lieblingsdressing anmachen können.

Bitte beachten Sie außerdem: Der Spiralschneider ist nicht für tiefgefrorene Gemüse geeignet.

GEMÜSE FÜR ZUGHETTI, COURGETTI, ZOODLE & CO.

Grundsätzlich eignen sich für Gemüsenudeln, die mit dem beiliegenden Spiralschneider geschnitten werden können, am besten sehr frische Gemüse, die möglichst gerade und lang gewachsen sind und dabei nach dem Schälen im Durchmesser nicht dicker sind als der Messereinsatz.

Zucchini sind das perfekte Ausgangsmaterial für Gemüsespaghetti. Sie werden gewaschen, die Enden abgeschnitten und dann mit dem Spiralschneider zu langen bis sehr langen Spiralnudeln geschnitten. Meist bekommen Sie dunkelgrüne Zucchini, im Sommer auf Märkten auch gelbe oder sogar hellgrüne. Frische Exemplare sind fest und haben eine glänzende Schale.

Auch **Möhren** gibt es in verschiedenen Farben. Für Gemüsenudeln sind mitteldicke Exemplare ideal. Nach dem Waschen werden Möhren am besten mit einem Sparschäler geschält und beide Enden mit einem Messer abgeschnitten. Frische Möhren sind fest und haben eine glatte Schale. Bitte lagern Sie sie immer ohne das Grün!

Pastinaken mit ihrem süßlich-würzigen, leicht erdigen Geschmack eignen sich ebenfalls prima für Gemüsenudeln. Leider werden sie im Gemüsefach des Kühlschranks schnell weich. In einem kalten Wasserbad werden sie fester und lassen sich gut weiterverarbeiten. Achten Sie beim Kauf darauf, dass die dünnen Pastinakenenden nicht zu lang sind, so ist die Nudelausbeute größer. Die Schale sollte straff und das Fruchtfleisch fest sein.

Ob eine **Gurke** gerade oder krumm gewachsen ist, spielt für den Geschmack keine Rolle, wohl aber für die Verarbeitung zu Gemüsenudeln! Ziehen Sie darum gerade Gurken vor. Qualitätsmerkmale sind eine straffe Schale und festes Fruchtfleisch. Bevorzugen Sie Bioware und greifen Sie lieber zu den weniger dicken Exemplaren, denn diese enthalten weniger Wasser und mehr Aromastoffe.

Sowohl als Rohkost als auch gebraten bereichern **Rote Beten** die Vielfalt für Gemüsenudeln. Meist werden sie als runde Knollen angeboten, es gibt sie aber auch länglich, die pro Stück etwa 100 Gramm wiegen sollten, damit die Ausbeute für das Gericht genügend groß ist. Schneiden Sie Wurzel- und Blattansatz ab und schälen Sie die Beten mit einem Sparschäler.

Förmlich zu ganz neuen Ehren als Gemüsenudel gelangt der **Rettich** oder Radi. Aufgrund seines hohen Wassergehalts eignet er sich nicht zum Braten. Roter Frühjahrsrettich schmeckt noch aromatischer als weißer. Achten Sie beim Einkauf auf pralles Fruchtfleisch und eine glatte Schale.

Brokkoli ist eine Besonderheit unter den hier beschriebenen Gemüsen, ihm muss man zuerst die Röschen abschneiden. Danach schält man den Brokkolistiel, den man abschließend ganz einfach zu Gemüsespiralen weiterverarbeiten kann. Diese lassen sich hervorragend kochen oder braten. Kaufen Sie besser zwei mittelgroße Brokkoli als einen großen, um mehr Stielanteil und damit eine größere Ausbeute zubereiten zu können.

Im Gegensatz zu den erstgenannten Gemüsen sind Kartoffeln und Süßkartoffeln reich an Kohlenhydraten. Bei **Kartoffeln** eignen sich besonders die fest- und vorwiegend festkochenden Sorten mit etwa 100 Gramm pro Stück. Sie werden geschält und bis zur weiteren Verwendung in kaltes Wasser gelegt, damit sie sich nicht verfärben. Sie sind ganz einfach zu spiralisieren, sollten zuvor aber trocken getupft werden.

Vielfältig in der Form und von oranger Farbe sind **Süßkartoffeln**. Bevorzugen Sie schlanke, möglichst wenig gekrümmte Süßkartoffeln mit einem Gewicht von maximal 250 Gramm pro Stück. Diese nach dem Schälen mit einem Sparschäler in kaltes Wasser legen und vor dem Nudelschneiden trocken tupfen. Tipp: Schneiden Sie die Süßkartoffeln gegebenenfalls in der Krümmung durch.

WAS TUN MIT RESTEN?

Egal, welches Gemüse Sie zu Spiralnudeln verarbeiten, es fallen immer kegelförmige Reste an. Man kann sie entweder als Rohkost knabbern oder sammelt sie in einer fest schließenden Kunststoffdose (bis zu einer Woche) im Kühlschrank und schneidet sie dann in eine Suppe.

VEGETARISCHES

Jede Jahreszeit hat ihr Gemüse, und das kommt hier als vegetarische Nudelvariante auf die Teller. Lassen Sie es sich schmecken!

VEGAN

ZUGHETTI MIT TOMATEN UND BASILIKUM-PISTAZIEN-PESTO

ZUTATEN FÜR 4 PERSONEN:

- 150 g Pistazien (geröstet und gesalzen)
- 1 Bund Basilikum (40 g)
- 80 ml neutrales Öl
- 1 Knoblauchzehe
- 400 g Kirschtomaten
- 1,3 kg mitteldicke Zucchini
- 2 EL Olivenöl
- Salz
- Pfeffer
- 3–4 EL Aceto balsamico

Zubereitungszeit: ca. 45 Minuten

1. Pistazien aus den Schalen lösen und die Kerne grob hacken. 30 Gramm Pistazienkerne zum Bestreuen beiseitelegen. Restliche Pistazien in einen Rührbecher geben. Basilikumblättchen abzupfen, grob schneiden und in den Becher geben. Das neutrale Öl zugeben und mit einem Schneidstab fein pürieren.

2. Knoblauch abziehen und sehr fein hacken. Die Hälfte der Kirschtomaten halbieren. Zucchini putzen und mit der **breiten** Schneide in Spiralen schneiden.

3. Olivenöl in einer beschichteten Pfanne erhitzen. Knoblauch und alle Kirschtomaten zugeben und bei mittlerer Hitze braten, bis die ganzen Tomaten platzen. Inzwischen in einem mittelgroßen Topf 2 Liter Wasser zum Kochen bringen.

4. Tomaten mit Salz und Pfeffer würzen, Aceto balsamico untermischen. Auf der ausgeschalteten Kochstelle warm halten.

5. Wasser kräftig salzen, Zucchini zugeben, 30 Sekunden ziehen lassen und in einen Durchschlag abgießen. Spiralen kurz abtropfen lassen. Pesto in den heißen Topf geben, Zucchininudeln untermischen und auf vorgewärmte Teller geben, Tomaten darauf anrichten und alles mit gehackten Pistazienkernen bestreuen.

Dieses Gericht finden Sie auf Seite 10 abgebildet.

VEGETARISCH, GLUTENFREI

ROTE-BETE-NUDELN MIT BUTTERNUSSKÜRBIS UND FETA

ZUTATEN FÜR 4 PERSONEN:

- 500 g Butternusskürbis
- 3 Schalotten (70 g)
- 3 EL weißer Aceto balsamico
- 3 EL flüssiger Honig
- 5 EL Olivenöl
- Salz
- 700 g längliche Rote Beten
- 5–6 Stiele Pfefferminze (oder Petersilie)
- 30 g Kürbiskerne
- 1 TL Kreuzkümmelsamen
- 1 TL Koriandersamen
- ½ TL Chiliflocken
- 150 g Feta

Zubereitungszeit: ca. 1 Stunde

1. Backofen auf 180 °C vorheizen. Kürbis halbieren, das weiche Innere und die Kerne entfernen, Kürbis schälen und in 1 Zentimeter große Würfel schneiden. Schalotten abziehen und in dünne Ringe schneiden. Aceto balsamico, Honig und 2 Esslöffel Öl verrühren.

2. Kürbis, Schalotten und Balsamicomischung in einer ofenfesten Form mischen und mit Salz würzen. In der Ofenmitte 25 bis 30 Minuten garen, dabei nach der Hälfte der Garzeit gut durchmischen.

3. Rote Beten schälen und die Enden abschneiden. Mit der **breiten** Schneide in Spiralen und diese eventuell in Stücke schneiden. Minzeblättchen von den Stielen zupfen und grob schneiden.

4. Kürbiskerne in einer Pfanne ohne Fett bei mittlerer Hitze goldbraun rösten, auf einen Teller geben und abkühlen lassen. Kreuzkümmel und Koriander in der heißen Pfanne kurz rösten, bis die Körner anfangen zu duften. Mit ½ Teelöffel Salz im Mörser fein zerstoßen. Chiliflocken untermischen.

5. 3 Esslöffel Öl in die Pfanne geben. Rote-Bete-Nudeln darin bei starker Hitze 3 bis 4 Minuten unter Wenden braten, dabei mit der Salzmischung würzen.

6. Kürbiskerne und Minze unter den Kürbis mischen. Rote-Bete-Nudeln auf vorgewärmte Teller verteilen, Kürbis daraufgeben und den Feta darüberkrümeln.

Dieses Gericht finden Sie auf Seite 10 abgebildet.

VEGETARISCH, GLUTENFREI

SÜSSKARTOFFELNUDELN MIT SPINAT UND KICHERERBSEN

ZUTATEN FÜR 4 PERSONEN:

- 250 g Baby-Blattspinat
- 1 Glas Kichererbsen (Abtropfgewicht 220 g)
- 80 g Schalotten
- 1–2 Knoblauchzehen
- 900 g schlanke Süßkartoffeln
- 4 EL Rapskernöl
- 2 TL Currypulver
- Salz
- 150 g Crème fraîche
- 2 TL fein abgeriebene Biozitronenschale
- 2–3 EL Zitronensaft
- Chiliflocken zum Bestreuen

Zubereitungszeit: ca. 45 Minuten

1. Spinat verlesen, waschen und trocken schleudern. Kichererbsen in einem Sieb abspülen und abtropfen lassen. Schalotten abziehen, der Länge nach halbieren und längs in Streifen schneiden. Knoblauch abziehen und fein hacken.

2. Süßkartoffeln schälen und die Enden abschneiden. Süßkartoffeln mit der **breiten** Schneide in Spiralen schneiden.

3. 2 Esslöffel Öl in einer großen Pfanne erhitzen, Spinat zugeben und bei starker Hitze 3 bis 4 Minuten unter gelegentlichem Wenden zusammenfallen lassen. Spinat auf einen Teller geben.

4. 2 Esslöffel Öl in die Pfanne geben, Schalotten und Knoblauch darin bei mittlerer Hitze 3 Minuten glasig dünsten. Curry darüberstäuben und unterrühren.

5. Die Hälfte der Süßkartoffelnudeln zugeben und bei starker Hitze 1 bis 2 Minuten unter Wenden braten. Restliche Süßkartoffeln zugeben und ebenso mitbraten. Spinat und Kichererbsen zugeben, salzen und untermischen.

6. Crème fraîche, Zitronenschale und Zitronensaft untermischen. Süßkartoffelnudeln auf vorgewärmten Tellern anrichten und mit je 1 bis 2 Prisen Chiliflocken bestreut servieren.

INFO: In den USA werden die Süßkartoffelnudeln »spoodles« genannt: sweet potatoe + noodles.

SCHNELLE ZUCCHINI-LINGUINE-NUDELN MIT TOMATENSAUCE

ZUTATEN FÜR 4 PERSONEN:

- 600 g Zucchini
- 25 g Pinienkerne
- 3 EL Olivenöl
- 400 g Kirschtomaten
- 1 Dose Pizzatomaten (400 g)
- 2 TL getrockneter Oregano
- Salz
- 300 g schmale Bandnudeln (z. B. Linguine)
- 5–6 Stiele Basilikum
- 2 EL Aceto balsamico
- Pfeffer
- Zucker
- 50 g schwarze Oliven (ohne Kern)
- 40 g Parmesan (frisch gerieben)

Zubereitungszeit: ca. 30 Minuten

1. Zucchini putzen und auf der **breiten** Schneide in Spiralen schneiden. Spiralen eventuell in Stücke schneiden. In einem großen Topf reichlich Wasser aufkochen. Pinienkerne bei mittlerer Hitze in einer Pfanne ohne Fett goldbraun rösten und auf einem Teller abkühlen lassen.

2. Olivenöl und Kirschtomaten in die Pfanne geben und bei mittlerer Hitze braten, bis die Tomaten platzen. Pizzatomaten und Oregano unterrühren und bei ganz geringer Hitze warm halten. Inzwischen Salz und Nudeln ins kochende Wasser geben und nach Packungsanweisung bissfest garen.

3. Basilikumblättchen abzupfen und grob schneiden. Balsamico unter die Tomatensauce rühren und mit Salz, Pfeffer und 1 bis 2 Prisen Zucker würzen, sie soll eine dickliche Konsistenz haben. Oliven unterrühren.

4. 1 Minute vor Ende der Nudelgarzeit die Zucchinispiralen unter die Nudeln mischen und bei starker Hitze aufkochen. Nudelmischung abgießen, dabei 1 Tasse Nudelkochwasser auffangen.

5. Abgetropfte Nudelmischung auf vorgewärmte Teller geben, Tomatensauce nach Belieben mit 2 bis 3 Esslöffel Nudelwasser verrühren, Basilikum untermischen. Sauce auf den Nudeln verteilen und mit Pinienkernen und Parmesan bestreut servieren.

GLUTENFREI, LOW CARB

COURGETTI-FETA-PÄCKCHEN AUS DEM OFEN

ZUTATEN FÜR 4 PERSONEN:

- 4 Zucchini (à 250 g)
- 2 rote Spitzpaprika (à 130 g)
- 2 rote Zwiebeln
- 8 grüne Peperoni (aus dem Glas)
- 80 g schwarze Oliven (ohne Kern)
- 1–2 Knoblauchzehen
- 1 TL Kreuzkümmelsamen
- Salz
- Pfeffer
- 3 TL getrockneter Oregano
- 6 EL Olivenöl
- 4 Bögen Backpapier (ca. 38 x 43 cm)
- 300 g Feta vom Schaf
- Küchengarn

Zubereitungszeit: ca. 45 Minuten

1. Backofen auf 200 °C vorheizen. Zucchini putzen und mit der **breiten** Schneide in Spiralen schneiden. Zucchininudeln nach Belieben in etwa 25 Zentimeter lange Stücke schneiden.

2. Spitzpaprika putzen und entkernen. Zwiebeln abziehen. Paprika und Zwiebeln am besten auf dem Gemüsehobel in feine Ringe schneiden. Peperoni in breite Stücke schneiden. Oliven halbieren. Knoblauch abziehen und fein hacken.

3. Kreuzkümmel in einer Pfanne ohne Fett bei mittlerer Hitze rösten, bis die Samen anfangen zu duften. Mit etwas Salz im Mörser zerstoßen. Mit Pfeffer und Oregano in einer Schüssel mischen, 4 Esslöffel Olivenöl unterrühren. Zucchininudeln, Paprika und Zwiebelringe unterheben.

4. Backpapier auf der Arbeitsfläche ausbreiten. Jeweils ¼ der Gemüsemischung darauf verteilen. Feta in gleich große Scheiben schneiden, auf dem Gemüse verteilen und mit dem restlichen Olivenöl beträufeln. Peperonistücke und Oliven auf die Päckchen verteilen.

5. Papier über dem Gemüse jeweils zusammenfalten und gut verschließen, Enden dabei wie bei einem Bonbon mit Küchengarn abbinden. Päckchen nebeneinander auf ein Backblech legen.

6. Im vorgeheizten Backofen auf der mittleren Schiene 15 Minuten garen.

Dieses Gericht finden Sie auf Seite 2 abgebildet.

GLUTENFREI, LOW CARB

ZUCCHINI-MÖHREN-NUDELN MIT WALNUSS-RAUKE-PESTO

ZUTATEN FÜR 4 PERSONEN:

- 80 g Walnusskerne
- 1 Bund Rauke (100 g)
- 50 g Parmesan oder Grana Padano
- 60 ml neutrales Öl
- 40 ml Olivenöl
- 1 kg mitteldicke Zucchini
- Salz
- 500 g mitteldicke Möhren
- Pfeffer

Zubereitungszeit: ca. 40 Minuten

1. Walnusskerne grob hacken. 30 Gramm Walnusskerne beiseitelegen. Rauke verlesen, waschen und trocken schleudern. 50 Gramm Rauke beiseitelegen. Käse in Stücke schneiden und im Blitzhacker fein zerkleinern.

2. 50 Gramm Rauke, 50 Gramm Walnusskerne und neutrales Öl zugeben und fein zerkleinern. Das Olivenöl mit einem Löffel unterrühren.

3. Zucchini putzen und mit der **breiten** Schneide in Spiralen schneiden. Zucchininudeln mit 1 Teelöffel Salz in einem Durchschlag mischen und abtropfen lassen. Möhren putzen, schälen und mit der **breiten** Schneide in Spiralen schneiden.

4. In einem mittelgroßen Topf 2 Liter Wasser zum Kochen bringen. Wasser kräftig salzen, Möhrenspiralen zugeben und 1 bis 2 Minuten kochen lassen. Möhrenspiralen über die Zucchinispiralen abgießen, dabei 150 Milliliter Kochwasser auffangen. Spiralen kurz abtropfen lassen, dabei mischen.

5. Pesto mit 100 bis 150 Milliliter Kochwasser im heißen Topf verrühren. Spiralnudeln untermischen und mit Pfeffer würzen. Mit Rauke und Walnusskernen garniert auf vorgewärmten Tellern anrichten.

Dieses Gericht finden Sie auf dem Cover abgebildet.

GLUTENFREI

ITALIENISCHE GEMÜSESUPPE MIT PARMESANKNUSPER

ZUTATEN FÜR 4 PERSONEN:

- 60 g Parmesan
- 1 TL getrockneter Thymian
- Pfeffer
- 250 g Möhren
- 250 g Staudensellerie (mit Grün)
- 80 g Zwiebeln
- 2 Knoblauchzehen
- 2 EL Öl
- ½ TL Chiliflocken
- 1 Flasche passierte Tomaten (690 g)
- 1,4 l heiße Gemüsebrühe
- 3 TL getrocknete italienische Kräuter
- 2 Gläser weiße Bohnen (à Füllmenge 330 g)
- 600 g Zucchini
- 4 Stiele Basilikum
- Salz
- Zucker

Zubereitungszeit: ca. 1 Stunde

1. Backofen auf 200 °C vorheizen. Boden einer Springform (26 Zentimeter Durchmesser) mit Backpapier auslegen. Frisch geriebenen Parmesan und Thymian mischen und kräftig pfeffern. Gleichmäßig in der Form verteilen und auf dem Rost in der Ofenmitte 6 bis 8 Minuten goldbraun backen. Form auf einem Rost abkühlen lassen.

2. Möhren putzen, schälen, der Länge nach vierteln und in 1 Zentimeter breite Stücke schneiden. Staudenselleriebättchen abzupfen und in kaltes Wasser legen. Stangen putzen, eventuell entfädeln und 1 Zentimeter groß würfeln. Zwiebeln abziehen und klein würfeln, Knoblauch abziehen und fein hacken.

3. Öl in einem großen Topf erhitzen, Zwiebeln darin bei mittlerer Hitze glasig dünsten. Knoblauch und Chiliflocken kurz mitdünsten. Möhren und Staudensellerie zugeben und 3 Minuten mitdünsten. Passierte Tomaten, Gemüsebrühe und getrocknete Kräuter zugeben, zugedeckt aufkochen und 15 Minuten kochen lassen.

4. Bohnen in einem Sieb abspülen und abtropfen lassen. Zucchini putzen und mit der **breiten** Schneide in Spiralen schneiden. Zucchininudeln in etwa 20 Zentimeter lange Stücke schneiden. Parmesanknusper in grobe Stücke brechen. Sellerieblättchen trocken tupfen, Basilikumblättchen abzupfen, beides zerzupfen.

5. Bohnen und Zucchini in die Suppe geben und 2 bis 3 Minuten erhitzen. Suppe mit Salz und 2 bis 3 Prisen Zucker abschmecken. Mit Kräuterblättchen bestreuen und mit Parmesanknusper servieren.

ZUCCHININUDELN MIT GRÜNEN BOHNEN UND VIER PESTOSAUCEN

GRUNDREZEPT

ZUTATEN FÜR 4 PERSONEN:

- 1,25 kg mittel-dicke Zucchini
- Salz
- 300 g grüne Bohnen

1. Zucchini mit der **breiten** Schneide in Spiralen schneiden und eventuell in Stücke schneiden. Zucchininudeln mit 1 Teelöffel Salz in einem Durchschlag mischen und abtropfen lassen.

2. Bohnen putzen, waschen, in kochendes Salzwasser geben, 8 bis 10 Minuten kochen und über die Zucchininudeln abgießen, dabei 100 Milliliter Kochwasser auffangen. Gemüsenudeln abtropfen lassen, dabei mischen. Zucchini-Bohnen-Nudeln auf vorgewärmten Tellern anrichten.

TIPP: Für dieses Rezept können Sie sowohl gelbe als auch grüne Zucchini oder eine Mischung beider Sorten verwenden.

SPINAT-MANDEL-PESTO

40 Gramm gehackte Mandeln in einer Pfanne ohne Fett goldbraun rösten und abkühlen lassen. Geröstete Mandeln mit 1 Knoblauchzehe, 1 Teelöffel abgeriebener Biozitronenschale, 50 Gramm jungem Parmesan (gerieben), 50 Gramm Baby-Blattspinat, Salz, Pfeffer und 80 Milliliter Rapskernöl im Blitzhacker fein zerkleinern. Pesto und Kochwasser im heißen Topf verrühren, Zucchini-Bohnen-Nudeln untermischen.

ERDNUSS-KORIANDER-PESTO

50 Gramm Erdnusskerne (geröstet und gesalzen), 1 Knoblauchzehe, 1 Teelöffel fein abgeriebene Biolimettenschale, ½ Teelöffel Chiliflocken, 50 Gramm jungen Parmesan (gerieben), 40 Gramm Koriandergrün (mit den zarten Stielen), 1 Esslöffel Sojasauce und 80 Milliliter Rapskernöl im Blitzhacker fein zerkleinern. Pesto mit 2 Esslöffel Limettensaft und Kochwasser im heißen Topf verrühren, Zucchini-Bohnen-Nudeln untermischen.

Dieses Gericht finden Sie auf Seite 22 abgebildet.

BASILIKUMPESTO

30 Gramm Pinienkerne in einer Pfanne ohne Fett goldbraun rösten und abkühlen lassen. Mit 1 Knoblauchzehe, 1 Teelöffel abgeriebener Biozitronenschale, 50 Gramm jungem Parmesan (gerieben), 40 Gramm Basilikumblättchen, Salz, Pfeffer und 60 Milliliter neutralem Öl im Blitzhacker fein zerkleinern. 3 Esslöffel (oder 30 Milliliter) Olivenöl mit einem Löffel unterrühren. Pesto und Kochwasser im heißen Topf verrühren, Zucchini-Bohnen-Nudeln untermischen.

TOMATENPESTO

40 Gramm getrocknete Tomaten in einer Schüssel mit kochend heißem Wasser übergießen und 20 Minuten ziehen lassen. 30 Gramm gehackte Mandeln in einer Pfanne ohne Fett goldbraun rösten und abkühlen lassen. Tomaten trocken tupfen. Mit Mandeln, 1 Knoblauchzehe, 1 Teelöffel abgeriebener Biozitronenschale, 40 Gramm jungem Parmesan (gerieben), 15 Gramm Basilikumblättchen und 80 Milliliter Rapskernöl im Blitzhacker fein zerkleinern. Pesto und Kochwasser im heißen Topf verrühren, Zucchini-Bohnen-Nudeln untermischen.

Dieses Gericht finden Sie auf Seite 23 abgebildet.

MIT FLEISCH, FISCH & CO.

Die geringelten Gemüsenudeln ergänzen Fleisch und Fisch in raffinierten Kombinationen. Lassen Sie sich überraschen!

ZUGHETTI MIT LAMMKOTELETTS UND PFEFFERMINZE

ZUTATEN FÜR 4 PERSONEN:

- 300 g dicke Bohnen (TK)
- 6–8 Stiele Pfefferminze
- 6 Stängel Petersilie
- 2 Bund Frühlingszwiebeln
- 1–2 Knoblauchzehen
- 900 g mitteldicke Zucchini
- 8–12 Lamm-Stielkoteletts
- Salz
- Pfeffer
- 4 EL Olivenöl
- 150 ml heiße Gemüsebrühe

Zubereitungszeit: ca. 50 Minuten

1. In einem kleinen Topf Wasser aufkochen, Bohnenkerne zugeben, 3 Minuten kochen, abgießen und abschrecken. Bohnenkerne aus den Häuten drücken.

2. Kräuterblättchen abzupfen, mittelfein hacken und zur Seite stellen. Frühlingszwiebeln putzen und das Hellgrüne und Weiße schräg in 2 Zentimeter breite Stücke schneiden. Knoblauch abziehen und fein hacken. Zucchini putzen und mit der **breiten** Schneide in Spiralen schneiden.

3. Lammkoteletts rundum mit Salz und Pfeffer würzen. 2 Esslöffel Öl in einer großen beschichteten Pfanne erhitzen. Koteletts darin bei starker Hitze auf jeder Seite 2 Minuten braten und nebeneinanderliegend auf einer Platte warm stellen.

4. Restliches Öl in die Pfanne geben. Frühlingszwiebeln und Knoblauch darin bei mittlerer Hitze 3 Minuten braten, dabei gelegentlich wenden. Zucchini zugeben und bei starker Hitze 2 Minuten unter Wenden braten, dabei kräftig salzen. Bohnenkerne zugeben und 1 Minute mitbraten.

5. Gemüsebrühe und Kräuter zugeben und aufkochen. Zucchininudeln mit den Lammkoteletts auf vorgewärmten Tellern anrichten.

Dieses Gericht finden Sie auf Seite 26 abgebildet.

GLUTENFREI

KABELJAU AUF MÖHREN-PASTINAKEN-NUDELN

ZUTATEN FÜR 4 PERSONEN:

- 50 g Schalotten
- 40 g Butter
- 3 EL Öl
- 1 frisches Lorbeerblatt
- 5 Stiele Thymian
- 200 ml Gemüsebrühe
- 200 g Schlagsahne
- 600 g mitteldicke Möhren
- 600 g mitteldicke Pastinaken
- 6 Stängel glatte Petersilie
- 4 Kabeljaufilets (à ca. 180 g)
- Salz
- Pfeffer
- 2–3 EL Zitronensaft
- 4 dünne Scheiben Biozitrone (nach Belieben)

Zubereitungszeit: ca. 50 Minuten

1. Schalotten abziehen und fein würfeln. 20 Gramm Butter und 1 Esslöffel Öl in einem breiten Topf erhitzen, Schalotten darin bei mittlerer Hitze 5 Minuten glasig dünsten. Lorbeer, Thymian und Brühe zugeben, aufkochen und bei starker Hitze auf die Hälfte einkochen lassen. Sahne zugeben und erneut auf die Hälfte einkochen lassen. Topf zugedeckt beiseitestellen.

2. Möhren und Pastinaken putzen, schälen und mit der **breiten** Schneide in Spiralen schneiden. Abgezupfte Petersilienblättchen grob schneiden.

3. Fisch trocken tupfen und rundum salzen und pfeffern. 20 Gramm Butter und 2 Esslöffel Öl in einer großen beschichteten Pfanne erhitzen, Fisch darin bei starker bis mittlerer Hitze 6 bis 8 Minuten, je nach Dicke der Filets, braten.

4. Inzwischen die Sauce zugedeckt aufkochen, Möhren-Pastinaken-Nudeln untermischen, salzen und bei milder Hitze zugedeckt 3 Minuten gar ziehen lassen. Lorbeer und Thymian entfernen. Mit Zitronensaft abschmecken, Petersilie untermischen. Möhren-Pastinaken-Nudeln auf vorgewärmten Tellern mit Kabeljau und Zitronenscheiben anrichten.

Dieses Gericht finden Sie auf Seite 26 abgebildet.

RETTICH-MÖHREN-NUDELN MIT VIER GERICHTEN AUS DEM WOK

GRUNDREZEPT

ZUTATEN FÜR 4 PERSONEN:

- 1 kg schlanker Rettich
- Salz
- 600 g mitteldicke Möhren
- 12–15 Stiele Koriandergrün

1. Rettich schälen und auf der **breiten** Schneide in Spiralen schneiden. Diese in etwa 30 Zentimeter lange Stücke schneiden, in einem Durchschlag mit 1 Teelöffel Salz mischen und abtropfen lassen.

2. Möhren putzen, schälen und auf der **breiten** Schneide in Spiralnudeln schneiden. Möhrennudeln zur Seite stellen.

3. Kurz bevor das Wokgericht fertig ist, in einem mittelgroßen Topf 2 Liter Wasser aufkochen und kräftig salzen. Möhrennudeln zugeben, bei starker Hitze aufkochen und 1 Minute kochen lassen. Möhrennudeln über die Rettichnudeln in den Durchschlag abgießen, dabei 150 Milliliter Kochwasser auffangen. Rettich- und Möhrennudeln sofort mischen und auf vorgewärmte Teller verteilen. Wokgericht auf den Gemüsenudeln anrichten. Abgezupfte Korianderblättchen grob hacken und darüberstreuen.

CURRYWURST AUS DEM WOK

300 Gramm gebrühte feine Bratwurst in ½ Zentimeter dicke Scheiben schneiden. 300 Gramm Lauch waschen, putzen und schräg in 1 Zentimeter dicke Ringe schneiden. 160 Gramm Kirschtomaten halbieren. 200 Gramm Ananasfruchtfleisch würfeln. 2 Esslöffel Öl in einem Wok erhitzen, Wurst darin bei starker Hitze 5 Minuten unter Wenden braten. 2 bis 3 Teelöffel Currypulver untermischen. 2 Esslöffel Öl und Lauch zugeben und bei mittlerer Hitze 3 bis 4 Minuten mitbraten. Tomaten und Ananas zugeben, 2 Minuten weiterbraten. Wokgericht salzen, 100 bis 150 Milliliter Kochwasser unterrühren und wie beschrieben anrichten.

GARNELEN AUS DEM WOK

Dieses Gericht finden Sie auf Seite 30 abgebildet.

320 Gramm TK-Garnelen (roh, geschält) auftauen und abtropfen lassen. 250 Gramm Zuckerschoten putzen und schräg halbieren. 6 Frühlingszwiebeln putzen, schräg in ½ Zentimeter dicke Ringe schneiden. 25 Gramm Ingwer dünn schälen, 1 rote Chilischote entkernen. Ingwer, Chili und 1 abgezogene Knoblauchzehe fein hacken. 3 Esslöffel Öl in einem Wok erhitzen, Garnelen bei starker Hitze 2 Minuten unter Wenden braten. 1 Esslöffel Öl, Ingwermischung und Zwiebeln zugeben, bei mittlerer Hitze 1 Minute mitbraten. Zuckerschoten zugeben und alles 3 Minuten weiterbraten. 100 bis 150 Milliliter Kochwasser und 3 Esslöffel Sojasauce unterrühren. Wie beschrieben anrichten.

STEAKSTREIFEN AUS DEM WOK

400 Gramm Brokkoli putzen und in 2 Zentimeter kleine Röschen teilen. Stiel schälen, in breite Spiralnudeln schneiden und zu den Möhrennudeln geben. 2 Rumpsteaks (380 Gramm, ohne Fettkante) quer in 1 Zentimeter breite Streifen schneiden. 3 Frühlingszwiebeln putzen, Weißes und Hellgrünes schräg in ½ Zentimeter dicke Ringe schneiden. 25 Gramm Ingwer dünn schälen, 1 Chilischote entkernen. Ingwer, Chili und 1 abgezogene Knoblauchzehe fein hacken. 3 Esslöffel Öl in einem Wok erhitzen, Steakstreifen bei starker Hitze 2 Minuten unter Wenden braten. 1 Esslöffel Öl, Ingwermischung und Zwiebeln zugeben und bei mittlerer Hitze 1 Minute mitbraten. Brokkoliröschen zugeben und alles 3 bis 4 Minuten weiterbraten. 100 bis 150 Milliliter Kochwasser und 3 Esslöffel Sojasauce unterrühren. Wie beschrieben anrichten.

HÄHNCHEN AUS DEM WOK

Dieses Gericht finden Sie auf Seite 31 abgebildet.

400 Gramm Hähnchenbrustfilet quer in 1 Zentimeter breite Streifen schneiden. 1 rote Paprikaschote vierteln, entkernen und in feine Streifen schneiden. 3 Frühlingszwiebeln putzen, schräg in ½ Zentimeter dicke Ringe schneiden. 25 Gramm Ingwer dünn schälen, 1 rote Chilischote entkernen. Ingwer, Chili und 1 abgezogene Knoblauchzehe fein hacken. 3 Esslöffel Öl in einem Wok erhitzen, Hähnchenstreifen darin bei starker Hitze 2 Minuten unter Wenden braten. 1 Esslöffel Öl, Ingwermischung, Paprika und Zwiebeln zugeben, bei mittlerer Hitze 1 Minute mitbraten. 200 Gramm TK-Erbsen, 200 Milliliter Kokosmilch und 2 Teelöffel gelbe Currypaste zugeben und bei starker Hitze aufkochen. 3 Esslöffel Sojasauce und 50 Milliliter Kochwasser unterrühren. Mit 50 Gramm Cashewkernen und Limettenspalten wie beschrieben anrichten.

ASIATISCHE RETTICHNUDELSUPPE MIT BROKKOLI & HACKBÄLLCHEN

ZUTATEN FÜR 4 PERSONEN:

- 800 g schlanker weißer Rettich
- Salz
- 30 g frischer Ingwer
- 2 Knoblauchzehen
- 3 schlanke Frühlingszwiebeln
- 1 Bund Koriandergrün
- 500 g Schweinehackfleisch
- Pfeffer
- 800 g Brokkoli
- 2 grüne Chilischoten
- 1,5 l Geflügelbrühe
- 3 EL Sojasauce

Zubereitungszeit: ca. 1 Stunde

1. Rettich putzen, schälen und mit der **breiten** Schneide in Spiralen schneiden. Spiralen eventuell zerschneiden und mit 1 Teelöffel Salz in einem Durchschlag mischen, 20 Minuten abtropfen lassen.

2. Ingwer dünn schälen. Knoblauch abziehen, mit Ingwer fein hacken und die Hälfte davon für die Suppe beiseitestellen. Frühlingszwiebeln putzen, das Weiße und Hellgrüne fein würfeln. Hälfte vom Koriander mit den zarten Stielen hacken. Hack, Ingwer, Knoblauch, Frühlingszwiebeln, Koriander, Salz und Pfeffer in einer Schüssel verkneten, zu 20 walnussgroßen Bällchen formen und beiseitestellen.

3. Brokkoli in 2 Zentimeter große Röschen teilen. Stiel putzen und schälen (siehe Tipp). Mit der **breiten** Schneide des Spiralschneiders in Spiralen schneiden, Spiralen eventuell zerschneiden. Chilischoten der Länge nach ein-, aber nicht durchschneiden.

4. Chili, Ingwer-Knoblauch und Brühe in einem Topf aufkochen. Sojasauce und Hackbällchen zugeben und 5 Minuten zugedeckt bei sehr geringer Hitze ziehen lassen. Inzwischen die restlichen Korianderblättchen abzupfen.

5. Brokkoliröschen zugeben, zugedeckt aufkochen und weitere 5 Minuten zugedeckt bei sehr geringer Hitze gar ziehen lassen. Rettichnudeln mit den Händen ausdrücken. Mit den Brokkolinudeln in die Suppe geben und zugedeckt aufkochen. Suppe abschmecken und mit Koriander bestreut servieren.

TIPP: Trockenes Ende und Stielansätze vom Brokkoli abschneiden, Stiel mit einem Sparschäler schälen und in Nudeln schneiden.

SOMMERROLLEN MIT GEBRATENER ENTENBRUST

ZUTATEN FÜR 4 PERSONEN:

- 10 Stiele Pfefferminze, 5 Stiele Thai-Basilikum, 20 Stiele Koriandergrün
- 8 Entenbrustfilets
- 1 TL 5-Spice-Gewürz
- Salz
- 20 g Zucker
- 10 EL Zitronensaft
- 2–3 EL Sojasauce
- 1–2 EL Fischsauce
- 1 rote Chilischote
- 15 g frischer Ingwer
- 2 Knoblauchzehen
- 1 Bund Frühlingszwiebeln
- 1 Mango
- 350 g Salatgurke
- 400 g weißer Rettich
- 350 g Möhren
- 60 g Erdnusskerne
- 16–20 Reispapierblätter (Ø 22 cm)

Zubereitungszeit: ca. 1 Stunde

1. Kräuterblättchen abzupfen und in kaltes Wasser legen.
2. Entenbrusthaut mit einem scharfen Messer der Länge nach mehrfach parallel einschneiden, dabei nicht ins Fleisch schneiden. Entenbrüste kräftig mit 5-Spice-Gewürz und etwas Salz einreiben.
3. Fleisch mit der Haut nach unten in eine kalte Pfanne legen, bei mittlerer Hitze 10 Minuten braten, wenden und weitere 5 Minuten braten. Entenbrüste auf einem Teller beiseitestellen.
4. Zucker mit 50 Milliliter warmem Wasser verrühren, bis sich der Zucker aufgelöst hat. Zitronensaft, Soja- und Fischsauce unterrühren. Chili der Länge nach halbieren und entkernen. Ingwer dünn schälen, Knoblauch abziehen. Chili, Ingwer und Knoblauch fein hacken und in die Sauce geben.
5. Frühlingszwiebeln putzen und das Hellgrüne und Weiße schräg in feine Ringe schneiden. Mango schälen, Fruchtfleisch vom Kern schneiden und in dünne Scheiben schneiden.
6. Gurke putzen und streifig schälen. Rettich und Möhren putzen und schälen. Gemüse auf der **breiten** Schneide in Spiralen schneiden und in Stücke schneiden. Kräuter trocken tupfen. Erdnüsse grob hacken. Entenbrüste quer in dünne Scheiben schneiden.
7. Reispapier einzeln je 1 Minute in handwarmes Wasser legen, kurz abtropfen lassen und mit Mango, Frühlingszwiebeln, Kräutern, Gemüse, Erdnüssen und Entenfleisch belegen. Ränder einschlagen und mit leichtem Druck aufrollen. Mit der Sauce servieren.

HÜHNERSUPPE MIT MÖHRENNUDELN

ZUTATEN FÜR 4 PERSONEN:

- 3 Hähnchenkeulen (à ca. 250 g)
- 1 Bund Suppengrün
- 1 Zwiebel
- Salz
- 3 Gewürznelken
- 2 Lorbeerblätter
- 1 TL schwarze Pfefferkörner
- 600 g Möhren
- 120 g Zuckerschoten
- 5 Stängel krause Petersilie

Zubereitungszeit: ca. 2 Stunden

1. Hähnchenkeulen im Gelenk zerteilen. Suppengrün putzen und in grobe Stücke schneiden. Ungeschälte Zwiebel halbieren. Mit Suppengrün, Hähnchenkeulen, 2 Liter kaltem Wasser und 2 Teelöffel Salz in einen Topf geben. Langsam aufkochen lassen, Hitze reduzieren und 40 Minuten bei halb aufgelegtem Deckel knapp über dem Siedepunkt leise kochen lassen. Zwischendurch die aufsteigenden Trübstoffe und den Schaum mit einer Schaumkelle abschöpfen.

2. Nelken, Lorbeer und Pfeffer in die Suppe geben und weitere 30 Minuten mitkochen. Inzwischen die Möhren putzen, schälen und auf der **breiten** Schneide in Spiralen schneiden. Möhrennudeln eventuell in Stücke schneiden. Zuckerschoten putzen und schräg in feine Streifen schneiden.

3. Brühe durch ein feines Sieb in einen Topf gießen. Keulen beiseitelegen und etwas abkühlen lassen. Suppengrün wegwerfen. Keulen häuten und das Fleisch grob schneiden. Petersilie abzupfen und grob hacken.

4. Brühe aufkochen. Möhrennudeln und Zuckerschoten zugeben und 3 Minuten kochen lassen. Fleisch in die Suppe geben, abschmecken und mit Petersilie bestreut servieren.

TIPP: Sie können auch 250 Gramm Möhren und 250 Gramm Pastinaken verwenden.

Dieses Gericht finden Sie auf Seite 2 abgebildet.

ZUCCHINI-FRITTATA MIT CHORIZO UND AVOCADO

ZUTATEN FÜR 4 PERSONEN:

- 200 g Chorizo forte (scharfe spanische Paprikawurst)
- 50 g Schalotten
- 1 Knoblauchzehe
- 200 g Erbsen (TK)
- 8 Eier (Kl. M)
- 900 g mitteldicke Zucchini
- 1 große, reife Avocado
- 2 EL Olivenöl
- Salz

Zubereitungszeit: ca. 45 Minuten

1. Chorizo der Länge nach vierteln, pellen und quer in 1 Zentimeter dicke Stücke schneiden. Schalotten abziehen und fein würfeln, Knoblauch abziehen und fein hacken.

2. Backofen auf 180 °C vorheizen. Inzwischen die Erbsen in einem Sieb mit kochend heißem Wasser überbrühen und abtropfen lassen. Eier in einer Schüssel verquirlen, Zucchini putzen und mit der **breiten** Schneide in Spiralen schneiden. Avocado halbieren und entkernen.

3. Öl in einer großen beschichteten Pfanne (ofenfest) erhitzen. Chorizo darin bei mittlerer Hitze 5 Minuten braten. Schalotten und Knoblauch zugeben und 2 Minuten mitbraten. Zucchini zugeben und unter Wenden 1 bis 2 Minuten mitbraten, dabei kräftig mit Salz würzen.

4. Erbsen zwischen die Zucchini streuen und die Eier gleichmäßig darübergießen. Avocadofruchtfleisch mit einem Teelöffel aus der Schale stechen und direkt in die Eiermasse drücken.

5. Pfanne auf den Rost im unteren Backofendrittel stellen und die Frittata 15 Minuten stocken lassen. Pfanne aus dem Ofen nehmen und die Frittata 5 Minuten nachziehen lassen.

6. Frittata auf eine Platte gleiten lassen und in Stücke schneiden. Dazu passt Salat.

TAGLIATELLE MIT GURKEN UND ZWEIERLEI LACHS

ZUTATEN FÜR 4 PERSONEN:

- 2 Salatgurken (à 350 g)
- Salz
- 1 Bund Frühlingszwiebeln
- 100 g Räucherlachs in Scheiben
- 320 g Lachsfilet (küchenfertig)
- 5 Stiele Dill
- 250 g breite Bandnudeln (z. B. Tagliatelle)
- 2 EL Öl
- 150 g Crème fraîche
- 1–2 EL Zitronensaft
- 2 TL fein abgeriebene Biozitronenschale

Zubereitungszeit: ca. 45 Minuten

1. Gurken streifig schälen und mit der **breiten** Schneide in Spiralen schneiden. Spiralen eventuell in Stücke schneiden, in einem Durchschlag mit 1 Teelöffel Salz mischen und abtropfen lassen.

2. In einem Topf reichlich Wasser für die Nudeln aufkochen. Frühlingszwiebeln putzen und das Hellgrüne und Weiße schräg in ½ Zentimeter breite Stücke schneiden. Räucherlachs in Würfel schneiden und beiseitestellen. Lachsfilet in 1 Zentimeter dicke Scheiben schneiden. Dillspitzen abzupfen und fein schneiden.

3. Wasser salzen, Nudeln zugeben und nach Packungsanweisung bissfest garen. Inzwischen das Öl in einer großen beschichteten Pfanne erhitzen. Frühlingszwiebeln und Lachsscheiben darin bei mittlerer Hitze 3 bis 4 Minuten braten.

4. Nudeln über die Gurken abgießen, dabei 100 Milliliter Nudelkochwasser auffangen. Gurken und Tagliatelle im Durchschlag mischen und abtropfen lassen. Nudelwasser, Crème fraîche, Zitronensaft, Zitronenschale und Dill verrühren und mit dem Lachs mischen. Abgetropfte Nudelmischung unterheben und abschmecken. Nudeln auf vorgewärmten Tellern anrichten und mit Räucherlachs bestreut servieren.

ZUCCHININUDELN MIT VENUSMUSCHELN

ZUTATEN FÜR 4 PERSONEN:

- 1 kg frische Venusmuscheln
- Salz
- 100 g Schalotten
- 2 Stangen Staudensellerie (100 g)
- 1 Knoblauchzehe
- 6–8 Stängel glatte Petersilie
- 1 kg mitteldicke Zucchini
- 5 EL Olivenöl
- 80 ml Weißwein
- 1 TL fein abgeriebene Biozitronenschale
- 2 EL Zitronensaft
- ½ TL Chiliflocken

Zubereitungszeit: ca. 2 Stunden 35 Minuten

1. Muscheln in eine große Schüssel mit reichlich handwarmem Salzwasser geben und 2 Stunden wässern. Wasser dabei einmal wechseln.

2. Inzwischen die Schalotten fein würfeln. Sellerie putzen, eventuell entfädeln und fein würfeln. Knoblauch abziehen und fein hacken. Petersilienblättchen abzupfen und fein hacken. Zucchini putzen und mit der **breiten** Schneide in Spiralen schneiden. Muscheln in einem Sieb abtropfen lassen, beschädigte Muscheln sowie offene Muscheln, die sich auf Druck nicht schließen, aussortieren.

3. Öl in einem breiten Topf erhitzen. Schalotten, Sellerie und Knoblauch darin bei mittlerer Hitze 5 Minuten glasig dünsten. Mit Wein ablöschen, Muscheln zugeben und zugedeckt bei starker Hitze 5 Minuten garen, bis sich die Muscheln geöffnet haben. Topf dabei mehrfach kräftig rütteln.

4. Topf von der Kochstelle nehmen, geschlossene Muscheln aussortieren und wegwerfen. Muscheln zugedeckt erneut bei starker Hitze zugedeckt aufkochen. Zucchinispiralen untermischen, dabei leicht salzen, und zugedeckt kurz erhitzen. Zitronenschale, Zitronensaft, Chiliflocken und Petersilie untermischen und auf vorgewärmten tiefen Tellern anrichten.

SNACKS & SALATE

Das schmeckt nach mehr: Gemüsenudelsalate und Snacks machen in moderner Form eine tolle Figur. Lassen Sie sich begeistern!

GRIECHISCHER GURKENNUDELSALAT

**ZUTATEN
FÜR 4 PERSONEN:**

- 2 Salatgurken (à ca. 350 g)
- Salz
- 200 g rote Spitzpaprikaschoten
- 2 rote Zwiebeln (60 g)
- 200 g Kirschtomaten
- 5 Stängel glatte Petersilie
- 8 Peperoni (Glas)
- 3 EL Zitronensaft
- 2 TL getrockneter Oregano
- Pfeffer
- 4 EL Olivenöl
- 100 g schwarze Oliven (mit Kern, z. B. Kalamata)
- 200 g Feta vom Schaf

Zubereitungszeit: ca. 35 Minuten

1. Gurken streifig schälen und mit der **breiten** Schneide in Spiralen schneiden. Spiralen salzen und in einem Sieb 15 Minuten abtropfen lassen.

2. Spitzpaprika putzen, Kerne entfernen und die Schoten in ½ Zentimeter dicke Ringe schneiden oder hobeln. Zwiebeln abziehen und in feine Streifen schneiden. Kirschtomaten halbieren. Petersilienblättchen abzupfen. Peperoni in Stücke schneiden.

3. Zitronensaft, 3 Esslöffel Wasser, Oregano, Salz und Pfeffer in einer Schüssel verrühren. Öl mit einem Schneebesen untermischen. Paprika, Zwiebeln, Tomaten, Petersilie, Peperoni und Oliven untermischen. Gurkennudeln unterheben. Gurkennudelsalat mit zerkrümeltem Feta bestreut anrichten.

Dieses Gericht finden Sie auf Seite 44 abgebildet.

RETTICH-KÄSE-WURST-SALAT MIT LAUGENCROÛTONS

ZUTATEN FÜR 4 PERSONEN:

- 2 TL Kümmelsaat
- Salz
- Pfeffer
- 4–5 EL Weißweinessig
- 6 EL Gewürzgurkensud
- 6 EL Rapskernöl
- 350 g Fleischwurst
- 2–3 große Gewürzgurken
- 100 g Staudensellerie, mit Grün
- 2 rote Zwiebeln (80 g)
- 1 schlanker Rettich (ca. 500 g)
- 5 Stängel Petersilie
- 100 g Bergkäse (in Scheiben)
- 1 Laugenstange
- 20 g Butter

Zubereitungszeit: ca. 40 Minuten

1. Kümmel in einer Pfanne ohne Fett bei mittlerer Hitze rösten, auf einem Teller abkühlen lassen. Mit Salz und Pfeffer im Mörser fein zerkleinern. In einer großen Schüssel mit Essig, Gewürzgurkensud und 5 Esslöffel Öl verrühren.

2. Wurst pellen, längs halbieren und in dünne Scheiben schneiden. Gewürzgurken längs halbieren und schräg in Scheiben schneiden. Sellerie putzen, Grün in kaltes Wasser legen. Stangen eventuell entfädeln und quer in feine Scheiben schneiden.

3. Zwiebeln abziehen und in feine Ringe hobeln oder schneiden. In einem Sieb mit kochend heißem Wasser überbrühen, abschrecken und abtropfen lassen. Zwiebeln, Wurst, Gurken und Sellerie mit der Sauce mischen.

4. Rettich putzen, schälen und **ohne Aufsatz** erst in breite Spiralen schneiden, dann mit einer Küchenschere in Stücke schneiden. Rettich unter die Wurstmischung heben.

5. Selleriegrün trocken tupfen, Petersilienblättchen abzupfen. Beides fein schneiden und untermischen. Käse in feine Streifen schneiden.

6. Laugenstange in ca. 1 Zentimeter große Würfel schneiden. Butter und 1 Esslöffel Öl in einer beschichteten Pfanne erhitzen, Laugenwürfel darin goldbraun braten. Auf Küchenpapier entfetten. Käsestreifen unter den Salat mischen, eventuell nachwürzen und mit Laugencroûtons bestreut anrichten.

Dieses Gericht finden Sie auf Seite 44 abgebildet.

WECK

KARTOFFELNUDELPUFFER

GRUNDREZEPT

ZUTATEN FÜR 12 STÜCK:

- 1 kg Kartoffeln
- 4 EL Zitronensaft
- 2 Zwiebeln (70 g)
- 4 Eier (Kl. M)
- 40 g Kartoffelmehl
- Salz
- Muskatnuss (frisch gerieben)
- Öl zum Braten

Zubereitungszeit: ca. 1 Stunde

1. Kartoffeln schälen und in kaltes Wasser legen. Kartoffeln mit der **breiten** Schneide in Spiralen schneiden (siehe Tipp) und sofort mit dem Zitronensaft mischen, damit sie sich nicht verfärben.

2. Zwiebeln abziehen, sehr fein würfeln oder in feine Scheiben hobeln und mit den Kartoffeln mischen. Kartoffelmischung nacheinander in 3 Portionen in ein angefeuchtetes Mulltuch geben und mit den Händen kräftig auspressen. Ausgepresste Mischung in einer Schüssel mit den Händen auflockern.

3. Eier verquirlen und mit den Kartoffeln mischen. Kartoffelmehl untermengen. Kräftig mit Salz und Muskatnuss würzen. Ein Backblech mit einer doppelten Lage Küchenpapier belegen und im Backofen bei 100 °C bereithalten.

4. Öl in einer großen beschichteten Pfanne erhitzen, sodass der Pfannenboden leicht bedeckt ist. Jeweils 3 Portionen Kartoffelnudelmasse (à ca. 2 Esslöffel) in die Pfanne geben und bei mittlerer bis starker Hitze auf jeder Seite 3 Minuten goldbraun und knusprig braten. Fertige Puffer auf dem Blech im Ofen warm halten.

TIPP: Mehr Kartoffelnudeln: Stecken Sie kurz vor Ende des Spiralisierens einer Kartoffel eine Kuchengabel in die Kartoffel und schneiden Sie die Kartoffel mithilfe der Gabel weiter in Spiralen.

KARTOFFELNUDELPUFFER MIT RÄUCHERLACHS

200 Gramm Crème fraîche, 3 Teelöffel geriebenen Meerrettich (aus dem Glas) und 2 Esslöffel gehackte Dillspitzen verrühren und leicht salzen. Mit 300 Gramm Räucherlachs (in Scheiben) zu den Kartoffelnudelpuffern reichen.

Dieses Gericht finden Sie auf Seite 48 abgebildet.

KARTOFFELNUDELPUFFER MIT BULETTE UND SPIEGELEI

400 Gramm Rinderhackfleisch mit 4 Teelöffel grobem Senf und Salz würzen und zu 4 flachen Buletten formen; nebeneinander liegend kalt stellen, bis die Puffer gebraten werden. Im heißen Bratfett auf jeder Seite 3 Minuten braten und warm stellen. Etwas Butter in die Pfanne geben und 4 Spiegeleier braten. Buletten und Eier mit den Puffern anrichten.

Dieses Gericht finden Sie auf Seite 49 abgebildet.

KARTOFFEL-PASTINAKEN-NUDEL-PUFFER MIT APFELKOMPOTT

400 Gramm Kartoffeln durch 450 Gramm Pastinaken ersetzen. Diese schälen und in **breite** Spiralen schneiden. Zwiebeln weglassen. Nudelpuffer wie beschrieben zubereiten und mit Apfelkompott anrichten.

KARTOFFEL-SÜSSKARTOFFEL-NUDEL-PUFFER MIT AVOCADOFRISCHKÄSE

400 Gramm Kartoffeln durch 450 Gramm schlanke Süßkartoffeln ersetzen. Diese schälen und in **breite** Spiralen schneiden. Nudelpuffer wie beschrieben zubereiten. Fruchtfleisch einer reifen Avocado mit einer Gabel zerdrücken, 1 Esslöffel Limettensaft unterrühren. 200 Gramm körnigen Frischkäse und 2 Esslöffel Schnittlauchröllchen untermischen, salzen und pfeffern. 125 Gramm geviertelte Kirschtomaten unterheben und mit den Nudelpuffern anrichten.

PASTINAKENNUDEL-WALDORF-SALAT MIT CRANBERRYS

ZUTATEN FÜR 4 PERSONEN:

- 60 g Salatmayonnaise
- 150 g Joghurt
- 3–4 TL geriebener Meerrettich (Glas)
- Salz
- 650 g mitteldicke Pastinaken
- 150 g Staudensellerie (mit Blättchen)
- 1 rotschaliger Bioapfel
- 2 EL Zitronensaft
- 40 g Walnusskerne
- 40 g Cranberrys

Zubereitungszeit: ca. 45 Minuten plus 30 Minuten Marinierzeit

1. Mayonnaise, Joghurt, Meerrettich und Salz in einer großen Schüssel verrühren.
2. Pastinaken putzen, schälen und mit der **feinen** Schneide in Spiralen schneiden. Spiralen eventuell grob zerschneiden und mit der Sauce mischen.
3. Staudensellerie putzen, Blättchen in kaltes Wasser legen, Stangen quer in dünne Scheiben schneiden oder hobeln. Apfel ungeschält vierteln, entkernen und in dünne Scheiben schneiden. Apfelscheiben sofort mit Zitronensaft beträufeln, damit sie sich nicht verfärben. Sellerie und Apfel mit den Pastinakennudeln mischen.
4. Walnüsse grob hacken, mit den Cranberrys untermischen und den Salat 30 Minuten durchziehen lassen.
5. Sellerieblättchen trocken tupfen und grob schneiden. Salat abschmecken und mit Sellerieblättchen bestreut anrichten.

VEGETARISCH

MÖHRENSALAT MIT SESAMDRESSING

ZUTATEN FÜR 4 PERSONEN:

- 1 Biozitrone
- 60 g Tahin (Sesampaste, Naturkostladen)
- Salz
- 4 TL flüssiger Honig
- 20 g frischer Ingwer
- 4 EL Rapskernöl
- 1 Glas Kichererbsen (Abtropfgewicht 220 g)
- 1 kleiner Granatapfel
- 700 g mitteldicke Möhren
- 8–10 Stängel glatte Petersilie
- 5 Stiele Pfefferminze
- 40 g schwarze Oliven (ohne Kern)

Zubereitungszeit: ca. 40 Minuten

1. Zitrone heiß waschen, trocken tupfen und 1 gehäuften Teelöffel Schale fein abreiben. 4 Esslöffel Zitronensaft auspressen und mit Tahin, etwas Salz, Zitronenschale, Honig und 6 Esslöffel Wasser mit einem Schneebesen verrühren. Ingwer dünn schälen, fein reiben und mit dem Rapsöl unter das Dressing rühren.

2. Kichererbsen in einem Sieb abspülen und abtropfen lassen. Granatapfel halbieren und die Kerne mithilfe eines Kochlöffels aus der Schale klopfen. Möhren putzen, schälen und mit der **breiten** Schneide in Spiralen schneiden. Möhrennudeln in Stücke schneiden. Möhren in einer Schüssel mit etwas Salz mischen und kurz ziehen lassen.

3. Inzwischen die Kräuterblättchen fein abzupfen, waschen und trocken tupfen. Große Blättchen zerzupfen. Kräuter, Kichererbsen, Granatapfelkerne und Oliven mit den Möhrennudeln mischen und auf Teller verteilen. Sesamdressing darüberträufeln und servieren.

TIPP: Wem Schärfe fehlt, kann den Salat mit ein paar Chiliflocken bestreuen.

BEEFBURGER MIT SÜSSKARTOFFEL-ZUCCHINI-BUNS

ZUTATEN FÜR 4 PERSONEN:

- 400 g mageres Rinderhackfleisch
- 1 TL rosenscharfes Paprikapulver
- Salz
- 450 g schlanke Süßkartoffeln
- 400 g Zucchini
- 2 Schalotten
- 2 Knoblauchzehen
- 5 Stiele Thymian
- 3 EL Öl
- 6 TL Sesamsaat
- 1 Ei (Kl. M)
- 1 Eigelb (Kl. M)
- Pfeffer
- 2 Tomaten
- 4 Salatblätter
- 4 Holzspieße zum Fixieren

Zubereitungszeit: ca. 1 Stunde

1. Hack, Paprikapulver und Salz in einer Schüssel mit den Händen verkneten, in 4 Portionen teilen und zu runden Talern (ca. 7 Zentimeter Durchmesser) formen. Auf einem Teller kalt stellen.

2. Süßkartoffeln schälen, Zucchini putzen. Beides mit der **breiten** Schneide in Spiralen schneiden. Gemüsenudeln eventuell in Stücke schneiden. Schalotten und Knoblauch abziehen und fein würfeln. Thymianblättchen abzupfen.

3. 2 Esslöffel Öl in einer großen beschichteten Pfanne erhitzen, Schalotten und Knoblauch darin bei mittlerer Hitze glasig braten. Sesam zugeben und kurz mitbraten. Süßkartoffeln zugeben und 2 Minuten unter Wenden braten. Thymian und Zucchini unterheben und 2 Minuten mitbraten. Gemüsenudeln in einer großen Schüssel 10 Minuten abkühlen lassen.

4. Backofen auf 200 °C vorheizen. Ein Backblech und ein Förmchen (ca. 7 Zentimeter Durchmesser) fetten. Ei und Eigelb verquirlen. Gemüsenudeln mit Salz und Pfeffer würzen. Eier untermischen. Gemüsenudeln portionsweise halbvoll in das Förmchen füllen, andrücken und auf das Blech stürzen. Auf diese Weise 8 Portionen formen und leicht andrücken. In der Ofenmitte 20 Minuten backen.

5. Tomaten in dünne Scheiben schneiden. Restliches Öl in der Pfanne erhitzen. Hacktaler darin bei mittlerer bis starker Hitze auf jeder Seite 3 bis 4 Minuten braten. Mit Gemüsenudelplätzchen, Salatblättern und Tomaten zu Burgern zusammensetzen und mit je 1 Spieß fixieren.

EINGELEGTES GEMÜSE AUF VIERERLEI ART

GRUNDREZEPT

ZUTATEN FÜR JE 1 GLAS (CA. 620 ML) BZW. SUD FÜR 1 REZEPT

- 250 ml klarer Apfelessig
- 75 g Zucker
- 1 Lorbeerblatt

Apfelessig, Zucker, Lorbeerblatt und 100 Milliliter Wasser in einen mittelgroßen Topf geben, zugedeckt aufkochen und bei milder Hitze 3 Minuten kochen lassen.

TIPP: Das eingelegte Gemüse ist für den baldigen Verzehr gedacht und hält sich im Kühlschrank etwa 1 bis 2 Wochen. Es schmeckt toll als Beilage zu gebratenem oder gegrilltem Fleisch, wertet aber auch ein schlichtes Abendbrot auf.

EINGELEGTE DILL-GURKEN-NUDELN

Sud kochen und abkühlen lassen. Inzwischen 600 Gramm Salatgurken waschen, trocknen, putzen und mit der **breiten** Schneide in Spiralen schneiden. Gurkennudeln in etwa 25 Zentimeter lange Stücke schneiden und im Sieb der Salatschleuder mit 1 Teelöffel Salz mischen. Gurkennudeln im Kühlschrank 1 Stunde abtropfen lassen. Spitzen von 4 Dillzweigen abzupfen, 2 Knoblauchzehen der Länge nach einschneiden. 2 rote Zwiebeln (70 Gramm) in feine Ringe hobeln. Gurkennudeln trocken schleudern. Mit Zwiebelringen, Dill und Knoblauch in ein sauberes Twist-off-Glas (620 Milliliter Inhalt) geben, mit dem Sud randvoll füllen und verschließen. Im Kühlschrank mindestens 24 Stunden durchziehen lassen.

EINGELEGTE SENF-ZUCCHINI-NUDELN

Sud mit zusätzlich 2 Teelöffel gelben Senfkörnern, ½ Teelöffel Kurkumapulver und ¼ Teelöffel Chiliflocken kochen und abkühlen lassen. Inzwischen 600 Gramm Zucchini waschen, trocknen, putzen und mit der **breiten** Schneide in Spiralen schneiden. Zucchininudeln in etwa 25 Zentimeter lange Stücke schneiden und im Sieb der Salatschleuder mit 1 Teelöffel Salz mischen. Zucchininudeln im Kühlschrank 1 Stunde abtropfen lassen. Zucchininudeln trocken schleudern und in ein sauberes Twist-off-Glas (620 Milliliter Inhalt) geben, mit dem Sud randvoll füllen und verschließen. Im Kühlschrank mindestens 24 Stunden durchziehen lassen.

Dieses Gericht finden Sie auf Seite 58 abgebildet.

EINGELEGTE ROTE-BETE-NUDELN

550 Gramm längliche Rote Beten putzen, schälen und mit der **breiten** Schneide in Spiralen schneiden. Rote-Bete-Nudeln in etwa 25 Zentimeter lange Stücke schneiden. 2 Zwiebeln (70 Gramm) in dünne Ringe schneiden oder hobeln. 25 Gramm Meerrettich schälen und in ebenso dicke Scheiben schneiden. Sud kochen, ½ Teelöffel Salz, Rote-Bete-Nudeln, Zwiebeln und Meerrettich zugeben, zugedeckt aufkochen und 3 Minuten kochen lassen. Sofort mit 2 Zitronenscheiben randvoll in ein sauberes Twist-off-Glas (620 Milliliter Inhalt) geben, verschließen und abkühlen lassen. Im Kühlschrank mindestens 24 Stunden durchziehen lassen.

EINGELEGTE FENCHEL-MÖHREN-NUDELN

Spitzen von 4 Dillzweigen abzupfen. 550 Gramm mitteldicke Möhren putzen, schälen und mit der **breiten** Schneide in Spiralen schneiden. Möhrennudeln in etwa 25 Zentimeter lange Stücke schneiden. 2 Knoblauchzehen der Länge nach einschneiden. Sud mit zusätzlich 1 Teelöffel Fenchelsaat und ½ Teelöffel Salz kochen, Möhrennudeln und Knoblauch zugeben, zugedeckt aufkochen und 3 Minuten kochen lassen. Sofort randvoll in ein sauberes Twist-off-Glas (620 Milliliter Inhalt) geben, verschließen und abkühlen lassen. Im Kühlschrank mindestens 24 Stunden durchziehen lassen.

Dieses Gericht finden Sie auf Seite 58 abgebildet.

VEGAN

GEMÜSECHIPS AUS DEM OFEN

**ZUTATEN
FÜR 2–4 PORTIONEN:**

- 3 mittelgroße Kartoffeln (à ca. 100 g)
- 4–5 EL Olivenöl
- Salz
- 3 Pastinaken (à ca. 140 g)
- 3 längliche Rote Beten (à ca. 100 g)

Zubereitungszeit: ca. 1 Stunde 30 Minuten

1. Backofen auf 180 °C vorheizen, 2 Bleche mit Backpapier auslegen.

2. Kartoffeln schälen und in kaltes Wasser legen, abtrocknen und **ohne Aufsatz** in breite Spiralen schneiden. Sofort in einer Schüssel mit 1 Esslöffel Öl beträufeln, mit den Händen sorgfältig mischen und in kurze Stücke teilen. Auf einem Backblech verteilen, dabei darauf achten, dass die Stücke nicht übereinanderliegen.

3. Kartoffeln 20 Minuten goldbraun backen, dabei alle 4 bis 5 Minuten die Backofentür kurz öffnen, um den entstehenden Dampf abzulassen. Nach der Hälfte der Garzeit sorgsam wenden und weiter backen. Dabei darauf achten, dass die Kartoffeln nicht dunkel werden, gebräunte Kartoffeln herausnehmen. Das Blech mit den Kartoffelchips auf ein Gitter stellen, Chips sofort leicht salzen und auf dem Blech abkühlen lassen.

4. Während die Kartoffeln abkühlen, die Pastinaken putzen, dünne Enden großzügig abschneiden. Pastinaken schälen und **ohne Aufsatz** in breite Spiralen schneiden. In der Schüssel mit 2 Esslöffel Öl beträufeln, sorgfältig mischen und dabei in kurze Stücke teilen. Pastinaken auf dem zweiten Blech verteilen, dabei darauf achten, dass die Stücke nicht übereinanderliegen. Pastinaken 15 bis 18 Minuten wie beschrieben backen, salzen und abkühlen lassen.

5. Während die Pastinaken abkühlen, Rote Beten putzen, schälen und **ohne Aufsatz** in breite Spiralen schneiden. In der Schüssel mit 2 Esslöffel Öl beträufeln, sorgfältig mischen und dabei in kurze Stücke teilen. Rote Beten auf dem zweiten Blech verteilen, dabei darauf achten, dass die Stücke nicht übereinanderliegen. Rote Beten 20 bis 25 Minuten wie beschrieben backen, salzen und abkühlen lassen.

Dieses Gericht finden Sie auf Seite 57 abgebildet.

REZEPTREGISTER

ÜBER DEN AUTOR

Kay-Henner Menge hat seine Hobbys Kochen, Backen und Garnieren zum Beruf gemacht. Der Diplom-Oecotrophologe arbeitet hauptberuflich als produzierender Redakteur und Foodstylist für verschiedene Magazine in der Versuchsküche eines großen Zeitschriftenverlags in Hamburg. Daneben schreibt er in seiner Freizeit Kochbücher zu unterschiedlichen Themen, die bereits zweimal mit dem »World Cookbook Award« ausgezeichnet wurden (»Schokoladentafeln selbst gemacht«, 2009, und »Cakepops!«, 2013). Kay-Henner Menge ist Mitglied im »Food Editors Club Deutschland«.

IMPRESSUM

1. AUFLAGE

HINWEIS
Die Ratschläge/Informationen in diesem Buch sind von Autor und Verlag sorgfältig erwogen und geprüft. Dennoch kann eine Garantie nicht übernommen werden. Eine Haftung des Autors bzw. des Verlags und seiner Beauftragten für Personen-, Sach- und Vermögensschäden ist ausgeschlossen. Der Verlag weist ausdrücklich darauf hin, dass im Text enthaltene externe Links vom Verlag nur bis zum Zeitpunkt der Buchveröffentlichung eingesehen werden konnten. Auf spätere Veränderungen hat der Verlag keinerlei Einfluss. Eine Haftung des Verlags ist daher ausgeschlossen.

REDAKTIONSLEITUNG: Silke Kirsch
PROJEKTLEITUNG: Eva Wagner

COVER, LAYOUT, DTP, GESAMTPRODUCING:
OH, JA!, München | www.oh-ja.com

REDAKTION: Nicola v. Otto
KORREKTORAT: Dr. Ulrike Kretschmer

BILDREDAKTION: Annette Mayer
FOTOGRAFIE UND STYLING:
Maike Jessen | www.maikejessen.de
FOODSTYLING: Julia Luck

REPRODUKTION:
Mohn Media Mohndruck GmbH, Gütersloh
DRUCK UND VERARBEITUNG:
Schreiber Innovations GmbH

Printed in China

FSC www.fsc.org MIX Papier aus verantwortungsvollen Quellen FSC® C106855

Verlagsgruppe Random House FSC® N001967

ISBN 978-3-517-09641-4